PETITE BIBLIOTHÈQUE D'ART
ET D'ARCHÉOLOGIE

1

AU

PARTHÉNON

PAR

L. DE RONCHAUD

DIRECTEUR DES MUSÉES NATIONAUX

I. Les prétendues Parques du fronton oriental.
II. La décoration intérieure de la Cella.

PARIS
ERNEST LEROUX, ÉDITEUR
28, RUE BONAPARTE, 28
—
1886

PETITE BIBLIOTHÈQUE D'ART
ET D'ARCHÉOLOGIE

PUBLIÉE

SOUS LA DIRECTION DE M. L. DE RONCHAUD
Directeur des Musées nationaux.

AU PARTHÉNON

THYIA. — CHLORIS.

AU
PARTHÉNON

PAR

L. DE RONCHAUD

DIRECTEUR DES MUSÉES NATIONAUX

I. Les prétendues Parques du fronton oriental.
II. La décoration intérieure de la Cella.

PARIS

ERNEST LEROUX, ÉDITEUR

28, RUE BONAPARTE, 28

1886

ES deux études qui suivent, la première a paru dans la *Revue archéologique* (Décembre 1882), la seconde est la reproduction d'une conférence faite devant la Société centrale des architectes (21 mai 1885).

Au sujet de la première étude, relative aux prétendues *Parques* du fronton oriental du Parthénon, je ferai remarquer que les noms donnés par moi à deux figures de ce beau groupe semblent adoptés en Allemagne où les travaux sur l'antiquité grecque, son art et sa mythologie, n'ont pas cessé d'être en honneur, et où les questions concernant les sculptures du Parthénon sont encore abordées de temps en temps par des maîtres de la science. J'en trouve la constatation dans un article de la *Revue critique* sur une publication de M. G. Lœschke (¹) : « Il paraît certain, dit M. Salomon Reinach, que les deux femmes du fronton oriental ont été inspirées à Phidias par le groupe de Polygnote représentant Chloris sur les genoux de Thyia. » Il doit m'être permis de réclamer l'honneur d'avoir signalé, le premier je pense, ce rapprochement intéressant entre l'œuvre du peintre de Thasos et celle du sculpteur athénien. Je n'ai pas entendu dire que personne l'ait fait avant moi, et mon article de la *Revue archéologique*, reproduit ici avec sa date, pourra peut-être m'assurer à cet égard une priorité dont j'ai le droit d'être jaloux. On ne saurait être indifférent à l'honneur d'avoir nommé le premier, de leur vrai nom, deux des plus belles figures de l'art antique, merveilles du ciseau de Phidias et de la décoration du grand temple d'Athéné.

Je n'ai rien à dire de la conférence, sinon qu'elle est, dans sa partie essentielle, le résumé d'un travail que j'ai publié récemment sur l'emploi des tapisseries dans la décoration des anciens *édifices et en particulier du Parthénon* (²). L'accueil fait à ce petit ouvrage m'a prouvé que, si mon travail est incomplet et peut prêter sur plus d'un point à la critique, je n'ai pas du moins fait fausse route. Quoi qu'on puisse dire de la manière dont j'ai traité un sujet encore nouveau dans la littérature archéologique, je ne doute pas que la restitution de la décoration intérieure du Parthénon ne doive être cherchée dans le texte où j'en ai puisé les éléments, et que ce système de draperies auquel j'ai donné pour le Parthénon le nom de *péplos d'A-théné* ne se rattache à tout un ordre d'ouvrages de décoration et d'art dont l'origine remonte à la plus haute antiquité. Si je n'ai pas réussi à le démontrer, d'autres viendront qui reprendront cette idée et qui lui donneront, avec les nouveaux développements qui pourraient sembler nécessaires, la consécration d'une autorité que je n'ai pas.

Ces deux études, outre qu'elles se rapportent au même édifice, ont encore un autre point commun qui m'autorisait à les rapprocher dans une même publication : toutes deux renferment une application nouvelle d'un texte ancien dont le

commentaire m'a conduit à deux décou-
vertes, si j'ose leur donner ce nom, qui ne
laissent pas d'avoir quelque importance
dans les études archéologiques. Si j'avais le
bonheur qu'elles fussent prises en considé-
ration, ce serait un grand honneur pour
moi d'avoir apporté mon humble tribut
à cette restitution du Parthénon, objet de
si savants travaux en France et en Allemagne, et d'avoir contribué pour une
faible part à accroître et à renouveler l'intérêt qui s'attache à cette ruine auguste,
la plus belle de celles où le genre humain
peut révérer son passé.

LES
PRÉTENDUES PARQUES

DU

FRONTON ORIENTAL

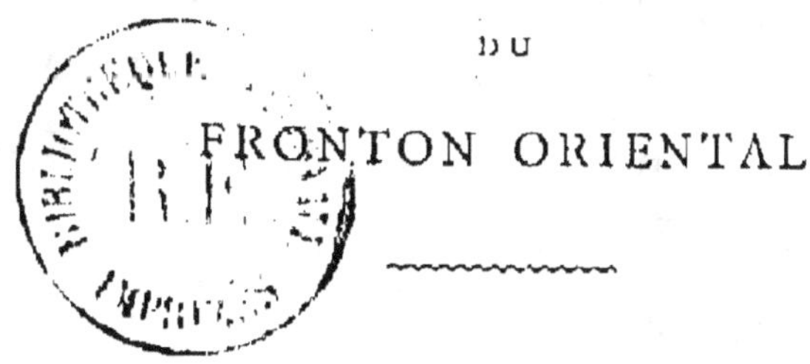

I

Tout le monde connaît le groupe célèbre auquel Visconti a le premier donné le nom des Parques. « Je pense, disait-il dans un mémoire adressé à Lord Elgin, que ces trois déesses sont les Parques; elles présidaient, suivant la mythologie grecque, à la naissance aussi bien qu'à la mort ; elles étaient les compagnes d'Ilithyia, déesse des accouchements, et chantaient les destinées des nouveau-nés (³) ». Le fronton oriental du Parthénon représentant la naissance d'Athéné, l'illustre antiquaire italien trouvait naturel d'y placer ces divinités de la naissance, au milieu des autres dieux et déesses rassemblés pour fêter l'avénement au monde d'Athéné sortie tout armée de la tête de Zeus.

Cette première explication resta longtemps presque la seule. A part Leake et Weber, qui proposaient d'autres noms (⁴), tous les archéologues, tant anglais qu'allemands, jusqu'en 1845, se rangèrent à l'opinion de Visconti. Welcker, qui lui aussi, l'avait adoptée d'abord, fut le premier qui, en 1845, y porta une atteinte sérieuse en proposant de remplacer les noms des Parques par ceux des filles de Cécrops. Son avis entraîna celui d'Overbeck. Malgré cette double autorité, la dénomination proposée par Visconti est restée la seule populaire, moins peut-être pour ce qu'elle vaut en elle-même que parce qu'aucune autre, parmi celles qui ont été proposées depuis, n'a pu être établie sur des arguments assez plausibles.

De ce côté du Rhin, nous pensons être le seul, parmi les écrivains qui se sont occupés du Parthénon, qui n'ait pas accepté l'opinion de Visconti (⁸). Nous reconnaissons volontiers que les noms proposés par nous un peu à la légère ne méritaient pas d'être adoptés. En revanche, un critique allemand, tout en nous traitant assez mal, a bien voulu reconnaître que nous avions bien jugé en signalant le caractère voluptueux des figures dont il s'agit comme incompatible avec celui des sévères divinités dont on leur avait donné les noms (⁹).

Le livre où, avec plus d'enthousiasme que d'expérience, nous nous étions livré à l'étude de Phidias et de son œuvre, était écrit depuis longtemps, et nous nous occupions d'autres travaux, quand le hasard d'une lecture nous fit tomber un jour sur un passage de Pausanias dans lequel, à tort ou à raison, nous crûmes voir un trait de lumière. Voici ce passage ; il fait partie de la description des peintures de la Lesché de Delphes :

« ..... Au-dessous de Phèdre, Chloris est couchée sur les genoux de Thyia. On ne se trompera pas en pensant que ces deux femmes ont été liées de leur vivant par une affection singulière. Chloris était d'Orchomène en Béotie. Quant à Thyia..... (il y a ici une lacune dans le texte grec). Une autre tradition rapporte que Thyia fut unie à Poseidon, et que Chloris fut l'épouse de Néleus, fils de Poseidon. Près de Thyia se tient Procris, fille d'Erechtheus (⁷)... »

N'y a-t-il pas quelque chose de singulièrement caractéritisque dans l'attitude respective de ces deux femmes, dont l'une est couchée sur les genoux de l'autre (ἐστὶν ἀνακεκλιμένη Χλῶρις ἐπὶ τοῖς Θυίας γόνασιν), et en décrivant la pose de ces deux figures de Polygnote, Pausanias ne semble-t-il pas avoir décrit celle de deux figures de Phidias qui font partie de notre groupe ?

Les termes mêmes dont se sert ici le périégète montrent à quel point cette attitude de Thyia et de Chloris lui avait paru caractéristique et, pour ainsi dire, unique dans les représentations de l'art, en ce sens que ces deux femmes seules avaient pu être représentées dans un rapport aussi intime.

II

On se demande naturellement si la présence de ces deux femmes peut être justifiée
sur un fronton du Parthénon. C'est, en effet,
la première question qui se pose.

Je ferai remarquer d'abord qu'elles font
partie toutes deux de la légende athénienne.
C'est à ce titre évidemment qu'elles figu-
raient dans les peintures de Delphes au milieu d'un groupe tout athénien, entre Phèdre,
l'épouse de Théseus, et Procris, fille d'Erechtheus, et qu'elles y occupaient ensemble une
place éminente.

Voyons maintenant ce qu'étaient ces deux

2.

femmes qui semblent avoir formé un couple si uni, et quels étaient au juste leurs rapports avec Athènes.

Pour ce qui concerne Chloris, cela va tout seul. Chloris, épouse de Néleus, est la mère des Néléides. Suivant Homère, Chloris, femme d'une grande beauté, était fille d'Amphion, fils d'Iasidas, qui régnait sur Orchomène (⁸). Néleus, lui, était fils de Poseidon et de Tyro, fille de Salmoneus (⁹). De leur mariage naquirent douze fils, qui tous périrent de la main d'Héraclès, à l'exception du seul Nestor, qui fut roi des Pyliens, célèbre par sa longue vie, par sa sagesse et par son élo-quence. On connaît son rôle dans l'*Iliade*. Or les Néléides, chassés de la Messénie par les Héraclides, se réfugièrent dans l'Attique, où ils trouvèrent une nouvelle patrie. Codros, le dernier roi d'Athènes, fils de Mélampos, était un descendant de Néleus et de Chloris, et plusieurs des grandes familles d'Athènes, telles que les Alcméonides et les Pisistratides, s'attribuaient la même origine ([10]).

Chloris pouvait donc prendre place sur le fronton du Parthénon, où elle aurait représenté, avec de vieilles légendes religieuses et nationales dont elle était la personnification, cette tradition d'antique hospitalité dont Athènes était si fière, et qui, dès la plus haute antiquité, avait contribué à sa grandeur et à sa puissance ([11]).

Quant à Thyia, les textes qui la concernent ne semblent pas très nombreux, et il est fâcheux que celui de Pausanias, cité précédemment, se trouve mutilé à l'endroit le plus intéressant pour nous. Voyons pourtant ce que nous pourrons apprendre d'elle ailleurs.

Hésiode parle d'une Thyia, fille de Deucalion ([12]). Pausanias la fait dans un endroit (peut-être est-ce la tradition perdue dans la lacune) fille de Castalios, maîtresse d'Apollon et mère de Delphos ([13]), et ailleurs

épouse de Poseidon (c'est le passage cité).
Pour Hérodote (^{14}), elle est fille de Céphissos et amante de Poseidon.

Plutarque nous dit (^{15}) que les Thyiades
jouaient un rôle très important dans les so-
lennités delphiques, et que seules elles com-
prenaient le sens de certaines cérémonies.

Jusqu'ici nous avons affaire à une divinité
fluviale ou marine, pourvue d'un rôle divi-
natoire, mais qui n'a rien d'athénien, puisque le Céphissos dont il est ici question est
le fleuve de la Béotie, non la rivière de l'Attique.

Cependant Pausanias nous apprend encore
que les Thyiades étaient « des femmes de
l'Attique qui allaient tous les ans au mont
Parnasse célébrer, avec des femmes de Delphes, des orgies en l'honneur de Diony-
sios (^{16}) ».

Ce texte suffit-il, avec la place occupée par
Thyia dans les peintures de la *Lesché* de

Delphes, pour lui donner droit à monter à ce fronton du Parthénon, en compagnie de la mère des *Néléides*, son inséparable amie, et pour l'y faire symboliser les antiques relations des sanctuaires de l'Attique avec le temple de Delphes, relations célébrées quelquefois par les poëtes d'Athènes ([17]) ? Je ne sais ; je n'ai pas mieux.

Je me bornerai à ajouter que Thyia et Chloris se trouvent par les textes en rapport avec Poseidon, l'antique possesseur de l'Attique, qu'Athéné est venue chasser de son vieux domaine. Si l'on pensait, avec Beulé, que la composition du fronton oriental a dû procéder de l'hymne d'Homère sur la naissance d'Athéné ([18]), et si l'on admettait, comme l'auteur de cet article l'a proposé autrefois, que d'un côté de la nouvelle divinité se trouvaient les dieux de la terre à qui la bonne nouvelle était apportée par Iris, tandis que de l'autre étaient les dieux marins à qui la Vic-

toire annonçait la fin de leur règne, Thyia
et Chloris rentreraient assez bien dans l'explication que nous avions donnée de ce fronton oriental, et qui, encore aujourd'hui,
nous paraît pouvoir être maintenue dans son
ensemble, sinon dans ses détails ([19]).

On sait que M. Brunn, dans sa restitution
du fronton oriental, a pris également pour
son point de départ l'hymne XXVIII d'Homère. Dans son explication savante, les
filles de Cécrops proposées par Welcker,
les noms de Pandrosos, Thallo et Auxo mis
en avant par M. Michaëlis, ceux d'Hestia,
d'Aphrodite et de Peitho auxquels s'est arrêté
M. Petersen, sont remplacés par les trois
Hyades ([20]).

Si nous écrivions une dissertation en règle,
nous aurions à nous évertuer pour détruire
les explications précédentes, et pour démontrer de notre mieux, à grand renfort de textes
et d'arguments, que la nôtre est la véritable.

Peut-être, si jamais nous achevons la nouvelle édition de notre livre sur Phidias, à laquelle nous travaillons d'une manière fort intermittente, devrons-nous nous livrer à quelque travail de ce genre, qui sera plus ou moins heureux. Aujourd'hui nous ne voulons écrire qu'une simple note à propos de deux figures. Toutefois, nous ne voulions pas manquer l'occasion de réclamer pour la critique française (pour Beulé, non pour nous) l'honneur d'avoir vu la première que l'explication du fronton oriental devait être cherchée dans l'hymne homérique.

On nous demandera ce que nous faisons
de la troisième figure ; car il y en avait trois
dans le groupe dit des Parques, tel que l'avait
reconnu Visconti. Welcker, en proposant
les trois filles de Cécrops, M. Brunn avec ses
trois Hyades, sont restés fidèles à cette idée
d'une triade dont les trois membres seraient
en relation intime et nécessaire. Les groupes
formés par MM. Michaëlis et Petersen sont
plus artificiels, et il ne serait peut-être pas
bien difficile de trouver quelque divinité à
mettre avec Thyia et Chloris dans un rapport de raison tel que celui où se trouve

Pandrosos avec Thallo ou Hestia vis-à-vis
d'Aphrodite.

Nous ne le chercherons pas aujourd'hui.
Bien que dans le dessin de Carrey cette troisième figure soit placée dans un rapport
assez étroit avec les deux autres, puisque le
bras de Thyia vient s'accouder sur son genou,
on peut cependant l'en séparer jusqu'à nouvel ordre. Si notre explication du fronton
oriental pouvait être admise, ce serait dans
le cycle des divinités marines qu'il faudrait
chercher un nom à lui attribuer.

Je n'ajouterai plus qu'un mot :

Bien que né à Thasos, Polygnote, ami de
Cimon et amant de sa sœur Elpinice, peut
être considéré comme un artiste athénien.
Sa connaissauce des antiquités athéniennes
ne saurait être mise en doute, non plus que
le caractère épique et la gravité religieuse
de son style. Il est très probable que
Phidias, qui, suivant les calculs d'Otfried

Muller ([21]), devait avoir environ vingt-trois ans lorsque Polygnote arriva à Athènes, dut s'inspirer de sa manière grandiose ; peut-être prit-il des leçons de lui. On sait qu'il commença par la peinture ([22]). Il n'y aurait donc rien que de naturel à ce que Phidias se fût inspiré de Polygnote et eût transporté au Parthénon des figures athéniennes de la *Lesché* de Delphes.

DÉCORATION INTÉRIEURE

DE

LA CELLA

Conférence à la Société centrale des Architectes

(21 mai 1885)

~~~~~~~~~~~~~~~~

MESSIEURS,

PPELÉ à l'honneur de faire une conférence devant vous, j'ai dû chercher un sujet qui se rapportât à vos études en même temps qu'aux miennes ; j'ai cru le trouver dans l'emploi qu'ont fait de la tenture et de la draperie les architectes anciens pour la division et la déco-
~~~~~~~~~~~~~~~~

ration de leurs édifices. Ce sujet, sur lequel j'ai publié récemment un travail de quelque étendue ([23]), je ne pourrai malheureusement pas le développer ici. J'espère toutefois que le résumé que j'en pourrai faire ne vous paraîtra pas sans intérêt. Il y sera question de l'Antiquité, vers laquelle on revient toujours, et qui vous est familière. Il y sera question du Parthénon, ce chef-d'œuvre toujours admiré, et sur la décoration intérieure duquel j'aurai à vous présenter quelques idées nouvelles. Peut-être, chemin faisant, me sera-t-il permis de faire quelques observations utiles, et j'espère au moins que ma conclusion sera approuvée par vous ; elle sera tout à l'honneur de l'architecture, de cette mère antique des arts qui doit en être encore l'ordonnatrice et la régulatrice. Dans le grand concours des arts et des industries pour la construction et la décoration de nos édifices, la direction lui

revient de droit, non seulement pour l'ensemble, mais pour les détails, et c'est à elle
qu'il appartient d'imprimer à nos édifices
modernes ce sceau de l'unité sans laquelle il
n'y a point de grande œuvre d'art.

On s'est fait longtemps, Messieurs, de l'art
grec une idée très fausse. On lui rendait plus
d'honneur que de justice. Tout en admi-
rant, par exemple, dans l'architecture antique, la beauté des lignes, la convenance des
parties et cette proportion qui est le grand
secret de l'art, on la regardait, sans doute
d'après les imitations modernes, comme un
peu froide et un peu triste. Il en était de même
de la sculpture qu'on jugeait sur quelques
spécimens appartenant aux siècles de déca-
dence ; on la croyait vouée à un idéal con-
ventionnel d'une froide pureté. Il a fallu les
études modernes, ces travaux de la science et
de l'érudition qui ont partout rajeuni l'histoire, pour nous faire connaître une antiquité

bien différente de celle qu'on se figurait, une
antiquité vivante et colorée, joyeuse et populaire. La Renaissance, dont le génie, marié
à celui de l'Antiquité, a produit les chefs-
d'œuvre que nous connaissons, la Renaissance, si riche elle-même, si vivante, n'a pas
connu la richesse et la vie de l'antiquité
grecque; elle l'eût aimée bien davantage
encore. La Renaissance a eu la vision de
l'Antiquité, elle n'en a pas eu la science. Vous
connaissez l'adorable légende de Julia Claudia.
Sous le pontificat d'Innocent VIII, des ouvriers qui travaillaient près de la voie Appienne
déterrèrent un sépulcre de marbre blanc
dans lequel reposait une belle morte, Julia,
fille de Claudius, disait l'inscription. Elle était,
racontent les chroniqueurs, d'une beauté
surhumaine; ses joues qui gardaient un reste
de couleurs, ses yeux à demi clos, sous les
paupières desquels on croyait entrevoir un
vague rayon, ses lèvres entr'ouvertes respi-

raient la vie dans le sommeil. Il y eut un cri général d'admiration; on porta la belle Romaine au Capitole; des pèlerins vinrent en foule l'y visiter, des poëtes la célébrèrent, des peintres firent son portrait; elle allait devenir l'idole d'un peuple quand un ordre du Pape la fit disparaître. On emporta la nuit la momie et on l'ensevelit en secret près de la porte Pinciana (²⁴). Telle est la légende qui courait l'Italie à la fin du xvᵉ siècle. On peut y voir un symbole de cette brillante Renaissance, qui s'inspira de l'Antiquité et qui l'adora dans une merveilleuse dépouille. L'Italie vit alors, comme dans un rêve, la beauté antique endormie sous son beau ciel dans un tombeau de marbre; mais ce ne fut qu'une apparition; la résurrection scientifique de l'Antiquité était réservée à notre siècle.

Des circonstances heureuses l'amenèrent. Ce fut d'abord la découverte de Phidias dans

un fronton du Parthénon où il s'ennuyait
méconnu depuis de longs siècles en regardant
mélancoliquement passer à ses pieds la barbarie maîtresse de la Grèce. Ce fut ensuite la
découverte de Quatremère de Quincy faisant
sortir des vieux textes, mieux lus et mieux
compris, cette merveilleuse sculpture d'or et
d'ivoire qui y restait cachée même aux savants
et dont la révélation fut un sujet de surprise
et presque de scandale pour les vieux admi-
rateurs de l'art grec. Ces grandes poupées,
comme les appelait Lactance, *grandes pupae,*
qui avaient servi de jouets non à des jeunes
filles, mais à des hommes, *non à virginibus,
sed a barbatis hominibus consecratae,* ne décon-
certaient pas moins notre goût moderne
qu'elles n'avaient scandalisé la religion des
écrivains chrétiens. La Grèce antique avait
donc eu ses madones habillées comme l'Italie,
ses *pasos* comme l'Espagne catholique. C'était
à n'y pas croire (²⁵).

Ce fut bien autre chose encore quand les travaux d'Hittorf nous apprirent que non seulement les statues avaient été en Grèce revêtues de couleurs et avaient porté des ornements de métal, mais que l'architecture même avait été peinte, et que le goût grec, ce goût si réservé, si sévère, n'avait pas dédaigné ce moyen d'effet ([16]). Aujourd'hui la polychromie des édifices grecs et romains est un lieu commun de nos écoles. Depuis la restitution du Parthénon par Paccard et celle du temple d'Égine par notre illustre architecte de l'Opéra, M. Charles Garnier, il n'est guère de jeune talent qui n'ait débuté dans la carrière par quelque restauration de monument grec ou romain d'une polychromie plus ou moins hardie. Quelquefois même la fantaisie a pu paraître poussée un peu loin. Pourtant, malgré ce que ces essais ont pu avoir de hasardé, la cause de la polychromie a été gagnée devant le public par ces brillantes illustrations, en même temps qu'elle était démontrée pour les savants par des recherches positives. Enfin, dans ces derniers temps, à la polychromie de la pierre, s'est ajoutée celle du tissu. Un architecte allemand, Semper, l'architecte du théâtre de Dresde, a, dans son *Esthétique pratique,* rendu à la tenture et à la draperie son rôle dans l'édifice antique ; rôle qu'il a surfait, à mon avis, mais qui n'en est pas moins important et caractéristique, et qui ajoute un nouvel élément, brillant, souple et mobile, à la récréation des yeux dans l'architecture grecque ([27]).

Quand on parle chez nous de l'art grec, c'est à la sculpture surtout qu'on pense. L'admiration, on peut dire le culte des Grecs pour la beauté de la forme humaine, devait lui donner chez eux la prééminence. Cependant l'architecture de la Grèce n'est pas moins admirable que sa sculpture avec laquelle elle était, d'ailleurs, en alliance très étroite.

L'architecture grecque semble recevoir la loi de l'anthropomorphisme. Vitruve raconte, au IVe livre de son *Architecture,* comment les architectes grecs, en quête de principes pour établir la proportion de leurs colonnes, les empruntèrent au corps humain ; comment, sous cette inspiration, la colonne dorique reproduit la proportion, la solidité et la *vénusté* de la forme virile, l'ordre ionique la *gracilité* féminine, ainsi que le corinthien. Quand il n'y aurait là qu'une légende poétique, elle n'en démontrerait pas moins que, si l'architecture grecque procède d'idées rationnelles et scientifiques ayant pour but la solidité et l'appropriation, la symétrie (j'entends le mot dans son sens grec qui signifie un rapport de raison et de convenance plutôt que de parité et d'égalité), cette *symmétrie,* qui en fait le caractère, avait sa cause dans un sentiment du beau inspiré par la forme humaine.

4

J'en dirai autant de certains secrets d'un art délicat observé au Parthénon par un architecte anglais, M. Penrose. Si, par exemple, l'inclinaison des colonnes d'un temple vers le centre de l'édifice peut avoir une raison dans la solidité, elle a en même temps son effet sur le sentiment ; il en est de même de cette convexité qu'on a reconnue dans les lignes de l'entablement et du soubassement. Insensibles à l'œil, ces courbes n'en corrigent pas moins, par un charme inconnu, la sécheresse des lignes ; elles contribuent à donner à l'édifice je ne sais quoi de vivant. Le grand nombre de sculpture, statues ou bas-reliefs, dont les temples étaient décorés, avait pu amener, en vue d'une harmonie générale, ces déviations légères de la ligne droite dont le résultat était d'animer d'une vie cachée le monument où la figure humaine avait son apothéose ([28]).

Quant à la polychromie en architecture, elle est une conséquence logique de la polychromie en sculpture. Selon M. Semper, le monument est né du désir de fixer d'une manière durable un appareil de fête. Les ornements, tapis, fleurs, festons, couronnes, qui avaient servi pour une solennité particulière, deviennent autant de motifs d'architecture. Dans le système du savant architecte de Hambourg, la draperie avait été à l'origine de l'art, sous le régime du bois, l'élément générateur de l'architecture ; les parties solides n'avaient été que de simples soutiens. L'étoffe était le véritable représentant des idées de séparation et de clôture, et devait le rester jusque sous le régime de la pierre. Je n'ai pas besoin de faire remarquer ce que cette théorie a d'excessif. MM. les architectes n'admettront sans doute pas aisément que, même à l'origine, ils n'aient été que des tapissiers. Mais ce qu'on doit retenir, c'est que le tissu a été de tout temps un élément très important de l'architecture dans l'Antiquité, qu'il n'y a pas joué comme chez nous un rôle de fantaisie et de luxe, mais qu'il y avait son emploi légitime, régulier, nécessaire.

Pour en revenir au monument, l'enveloppement et le déguisement, selon les expressions de Semper, ayant été le caractère essentiel de la construction primitive, leur transformation, sous un nouveau régime, a dû faire sortir : 1° des idoles habillées la grande statuaire chryséléphantine; 2° la polychromie des temples par la peinture et par une ornementation fixe, des tentures mobiles et des décorations éphémères qui avaient orné, pour quelque grande cérémonie, la tente festivale.

Que la draperie ait persisté sous le régime de la pierre à représenter les idées de division intérieure et même de clôture, on doit d'autant mieux l'admettre avec M. Semper que les inductions de la logique sont ici appuyées par des textes nombreux et par de fréquentes indications dans les monuments figurés. De même qu'après la découverte de la statuaire chryséléphantine on ne pouvait pas faire un pas en Grèce avec Pausanias sans y rencontrer des statues d'or et d'ivoire, ou tout au moins des statues habillées ou coloriées ; de même, une fois averti du rôle important joué par la draperie dans l'architecture antique, on la retrouve partout, dans les temples et dans les maisons, entre les colonnes des portiques et aux portes des appartements (ce que nous appelons aujourd'hui des portières); on la trouve, sous forme de *velaria*, au-dessus des théâtres ou des cours intérieures ; on la trouve en rideaux devant les scènes. Les sanctuaires ont leurs voiles sacrés derrière lesquels on croit sentir le souffle d'une divinité invisible et qui, en se relevant, laissent voir la divinité assise sur son trône ou debout sur son piédestal. L'idée de draperie était liée si intimement à celle de divinité qu'il suffisait d'un rideau tombant sur un trône (comme dans

le trône de Saturne que représente un bas-
relief du Louvre) pour éveiller le sentiment
d'une présence divine, cachée et mystérieuse.
Il suffisait même d'un châle jeté sur un fau-
teuil, comme dans certaines peintures de
Pompéi, pour signifier un Dieu absent et le
figurer à l'imagination[29]. Dans les temples, la
draperie ajoutait au mystère d'un lieu saint
et à la terreur religieuse. Dans les maisons,
quand elle n'était pas nécessaire pour la séparation des appartements (la maison romaine
ne se comprend pas sans la draperie), elle
était un élément de luxe joyeux et charmant.
Dans les *triclinia* (salles à manger) les murs
étaient ornés de festons formés par des tissus
colorés ; les convives dînaient sous un dais ;
c'était un souvenir des cours couvertes d'un
velum qui avaient servi auparavant de salles
de repas. De là le nom d'*aulœa* ou d'*auleœ*
donné aux tapisseries des salles à manger, du
mot *aula,* cour.

J'ai développé ailleurs ce que je suis forcé de resserrer ici. J'ai hâte d'arriver aux tapisseries du Parthénon.

Si nous voulions nous faire une idée de la poésie dramatique à Athènes, nous ne nous bornerions pas à lire dans le texte les tragédies d'Eschyle ou de Sophocle, mais nous voudrions reconstruire dans notre esprit le théâtre où elles ont été jouées. Nous relèverions en pensée cette scène de marbre, imposante et splendide, où des personnages divins ou héroïques venaient, montés sur le cothurne et drapés dans d'amples vêtements, réciter, dans une attitude et avec une voix surhumaines, ces vers d'une beauté immortelle où se révèle à nous le génie de l'Antiquité. Nous voudrions nous représenter le chœur évoluant dans l'orchestre, devant la thymélé, et chantant, au son de la lyre, des strophes d'une merveilleuse poésie. Eh bien ! c'est quelque chose d'analogue qu'il s'agit de faire ici pour l'art ; il faut le replacer sur sa scène qui est le temple, et, pour en bien comprendre toute la beauté, lui rendre tout son développement religieux et poétique. Nous avons à restaurer le Parthénon dans toute sa vieille gloire et à relever dans son sanctuaire, entourée de tous ses voiles, la Vierge guerrière d'Athènes. Nous avons à l'y montrer debout et armée dans sa tente, au milieu des symboles de sa puissance et des trésors amassés à ses pieds par la piété des peuples. Nous avons à faire plus encore, nous avons à envelopper le temple de ces belles processions qui animaient, aux jours de fête, la colline sacrée, à les dérouler au milieu des monuments de l'Acropole et sous les portiques des temples ; car tout cela se tient, tout cela forme un tout vivant, religieux, national. Cette pompe des Panathénées qui a précédé le temple au pied duquel elle se déploie, va nous livrer le secret de sa beauté dans le na-

vire roulant qui porte le mystérieux péplos. Si
nous restituons tout cet ensemble, l'art athénien va nous apparaître dans sa plus haute
expression, tout brillant de vie et de jeunesse
éternelle, de même que nous apparaîtrait la
poésie d'Athènes, si nous parvenions à reconstituer une représentation, sur le théâtre
de Dionysos, de quelque chef-d'œuvre d'un
des maîtres de la scène antique.

Messieurs, la Vierge d'Athènes, qui vint
établir son règne sur l'Acropole dont elle
avait dû disputer la possession à Poseidon,
n'était pas une divinité autochthone. Elle
était venue d'Orient représenter dans la légende grecque ce grand principe féminin qui
a sa glorification sur tous les Olympes et sans
lequel tous les cieux seraient vides. Faut-il y
voir avec M. Max Muller une personnification
de l'Aurore, en rapprochant du nom d'Athéné
le nom d'Ahânâ qui est le nom de l'Aurore
dans les poèmes de l'Inde ([30]) ? L'idée est sé-

sante, et il peut plaire à l'esprit d'installer sur le sommet de l'Acropole une divinité du jour naissant.

Mais nous n'avons pas à nous occuper ici de mythologie. Il suffit de rappeler que la déesse d'Athènes a dû venir d'Asie avec les religions et les arts de la Grèce. Mais, avant de s'établir en reine sur l'Acropole, elle a dû faire un long voyage. Vierge guerrière, à la tête de tribus errantes, elle a dû porter sa tente à travers les campagnes, les déserts, elle a dû la dresser sur un navire pour traverser la mer. Eh bien ! ces pérégrinations de la déesse, avant de s'établir dans une demeure fixe, dans une demeure de son choix, la fête des Panathénées avait pour but de le rappeler à l'imagination des Athéniens et de rappeler à la fois son triomphe populaire après sa victoire sur le dieu des mers. On connaît cette procession des Panathénées par sa représentation sur les murs de la cella du Parthé-

non. Vous avez tous devant les yeux cette
pompe classique qui faisait au Parthénon une
ceinture de beauté, la cavalcade thessalienne,
le défilé des vieillards portant des rameaux,
celui des filles des métèques portant des om-
brelles devant les Athéniennes (le parasol
est encore en Orient un emblème de dignité).
Un détail qui n'est pas représenté sur la frise,
c'est celui de la galère panathénéenne, de ce
vaisseau roulant que les Athéniens, selon
l'expression d'Héliodore, « faisaient traîner à
terre en l'honneur d'Athéné [31] ». Ce char, en
forme de navire, nous intéresse particulièrement, non parce qu'après avoir passé des
fêtes religieuses de l'ancienne Grèce aux fêtes
populaires de l'Italie, à l'époque de la Renaissance, il a fini par donner son nom au carnaval
(*carrus navalis, le char naval*) [32], mais parce
qu'il est à nos yeux un symbole des pérégrinations de la déesse, et parce qu'il portait,
peut-être en guise de voile, son péplos brodé

par les Erréphores, ce péplos type dont la multiplication a formé la décoration du sanctuaire d'Athéné Parthénos.

Ce n'était pas cependant vers le Parthénon que se dirigeait la marche des Panathénées, avec la galère et le péplos ; c'était vers l'Erechthéion. Le péplos n'était point destiné à l'Athéné Parthénos, mais à Athéné Poliade. Il devait revêtir la plus antique et la plus vénérable des statues de la déesse, cette statue en bois d'olivier, qu'on disait tombée du ciel et devant laquelle brûlait perpétuellement une lampe d'or. Les Athéniens gardaient avec respect ce vieux mannequin à côté de la resplendissante idole élevée par Phidias et lui rendaient un culte traditionnel. Il était dans leur génie de ne rien supprimer. On peut comparer ce génie grec à une plante généreuse dont la tige élancée, pourvue de feuilles élégantes et couronnée des plus belles fleurs, garderait au pied les cotylédons, ces

premières feuilles épaisses et informes que la
plante pousse à sa sortie de terre et que son
développement fait ensuite tomber. Aux pieds
du colosse d'or et d'ivoire, la statue en bois
d'olivier était une de ces feuilles basses, gros-
sières, mais pleines de la sève des grandes
origines. C'est pour elle, je le répète, que les
vierges erréphores tissaient le mystérieux
péplos qui devait la cacher tout entière sous
ses plis.

Ce péplos était un grand châle de laine,
carré, dont la forme élémentaire est, dans l'antiquité, le principe de la draperie, aussi bien
pour la décoration de l'édifice que pour celle
de la personne humaine.

Dans ses savantes et ingénieuses leçons
sur le costume chez les anciens, faites à
l'Ecole des Beaux-Arts et à l'Ecole du Louvre,
M. Heuzey a montré comment de ce simple
châle, plus ou moins varié de couleurs et
d'ornements, on pouvait, par la seule manière

de le draper, tirer les costumes les plus élé-
gants et les plus majestueux. Sous sa main
et avec l'addition d'une ceinture, les ajuste-
ments les plus divers se forment de cet élément si simple ; il suffit presque seul à la
magnificence du costume assyrien comme à
la noblesse et à la grâce du vêtement grec.
Appliqué au monument, ce même péplos,
historié de figures symboliques, devient un
élément de décoration d'une richesse et d'une
beauté incomparables. Suivant les témoi-
gnages, le péplos tissé par les Erréphores
pour l'Athéné Poliade était orné de figures
qui représentaient, sur un fond couleur de
safran, les combats et les victoires de la
déesse.

Quand le génie du peuple athénien et celui
de Phidias s'entendirent un jour pour élever
à la divinité de l'Acropole un nouveau simu-
lacre, fait des matières les plus précieuses,
et pour loger la figure colossale, miracle de

la religion et de l'art, dans une demeure digne d'elle, la statue de bois garda son vieux culte, et continua à être le but des processions sacrées et le centre de la grande fête religieuse et nationale. La nouvelle statue n'avait pas besoin d'un vêtement d'étoffe brochée, elle en avait un de métaux précieux. Ce fut alors que le génie athénien imagina, pour satisfaire à la fois la tradition et déployer une magnificence nouvelle, de transformer aussi l'ancien péplos en un système de draperies qui devait envelopper, comme de chastes voiles, la Madone athénienne dans son sanctuaire virginal. C'est là, selon moi, l'idée qui a présidé à la décoration intérieure du temple ; c'est ce que j'ai appelé le péplos d'Athéné Parthénos.

Je n'ai pas l'intention de décrire en détail le Parthénon, il est assez connu. Je ne dirai de son plan que ce qui me paraîtra nécessaire pour remettre sous vos yeux l'ensemble de

l'édifice et pour expliquer la décoration intérieure formée de draperies et de tentures,
laquelle est le sujet de cette conférence. De
même, de sa décoration extérieure, je ne
dirai que ce qu'il faudra pour faire sentir
le rapport entre cette décoration sculpturale,
si riche et si colorée, et la décoration intérieure en tapisserie, non moins brillante et
non moins riche.

Le Parthénon, ce chef-d'œuvre de l'architecture grecque, était un grand rectangle
oblong entouré d'une colonnade et orné d'un
double portique élevé au-dessus du sol de
trois grands degrés qui régnaient sur toute
la circonférence de l'édifice. Le sol de la
cella était, de plus, élevé de deux marches
plus petites au-dessus du niveau des portiques.
Le péristyle, c'est-à-dire la colonnade extérieure, se composait de quarante-six colonnes
d'ordre dorique, cannelées et sans base, dont
huit sur chaque façade et dix-sept sur chacun

des côtés, en comptant deux fois les colonnes d'angle. En outre les deux portiques avaient chacun six colonnes. Une partie de ces colonnes est encore debout, le temps et la barbarie ont détruit les autres. On sait que la cella ou naos, c'est-à-dire la partie fermée du temple, était divisée en deux salles d'inégale grandeur, dont la plus grande, qui s'ouvrait du côté de l'Orient, était le Parthénon proprement dit, la demeure virginale d'Athéné Parthénos, et l'autre était l'opisthodome ou trésor public des Athéniens. Il y avait dans le Parthénon une colonnade intérieure composée de vingt et une colonnes et de deux piliers d'angle. On pense que cette colonnade intérieure avait deux étages et qu'une galerie a pu régner entre les murs et les colonnes comme à Olympie. L'édifice entier avait 68ᵐ 90 de long sur 30ᵐ 47 de larges ; son élévation, en y comprenant le fronton, était de 17ᵐ 93. Chacun des deux

portiques était fermé par une grille régnant
entre les colonnes et derrière laquelle venaient
sans doute s'étaler des trésors offerts à la
déesse. Ajoutons que le temple était hypèthre,
c'est-à-dire sans toit, et rien n'indique dans
la construction qu'aucune précaution ait été
prise pour garantir des intempéries de l'air
la statue d'or et d'ivoire avec les trésors qui
l'entouraient ([33]).

La décoration sculpturale était grandiose
et magnifique; elle se composait de statues
et de bas-reliefs. Sous la colonnade, à la partie supérieure des murs de la cella, courait
légèrement, et comme tracée par un doigt
inspiré, la frise continue qui représentait la
procession des Panathénées. Tout le monde
la connaît, au moins par ses reproductions.
Une autre frise plus extérieure, celle de l'entablement, se composait de la série des métopes sur lesquelles l'artiste avait exécuté en
haut relief des sujets tirés de la légende athé-

nienne : d'un côté, la lutte des Centaures et des Lapithes, sujet dans lequel figure Thésée, le héros d'Athènes ; de l'autre, des combats de la grande guerre persique ; l'histoire en pendant à la légende. Athéné régnait dans les frontons. A l'Orient, c'était sa naissance, son apparition au milieu des dieux, qui étaient représentées dans des figures en ronde-bosse d'une majesté et d'une beauté incomparables ; à l'Occident, c'était son triomphe sur Poseidon ; d'un côté, la vie frémissante du cheval suscité par le trident du dieu des mers ; de l'autre, la végétation paisible de l'olivier sorti de terre au signe d'Athéné. On a tout dit sur ces merveilleuses statues, d'un style si puissant et si large, où l'observation attentive de la nature revêt les formes les plus pures et les plus idéales, où la beauté divine apparaît comme la fleur de la vie humaine. Je ferai remarquer seulement comment la légende athénienne se déployait tout entière

sur les murailles du temple d'Athènes : en
haut la naissance mythique d'Athéné et sa
prise de possession de l'Attique ; plus bas les
luttes héroïques, les combats légendaires ou
historiques ; enfin la pompe sacrée du culte
athénien, le triomphe de la religion nationale.
Toute la gloire d'Athènes est là, cette gloire
que les poètes célèbrent au théâtre, les pon-
tifes dans les temples, et que les pierres même
doivent chanter.

Quand, vers la fin du dernier siècle, on
découvrit Phidias, non pas dans les profon-
deurs de la terre, mais en pleine lumière du
ciel, dans les frontons du Parthénon où il
dormait depuis de longs siècles, invisible sur
son trône, comme par un enchantement de
conte arabe, cette décoration mutilée dut
produire un effet singulier sur les premiers
qui en reconnurent la puissante originalité.
Plus tard, on l'étudia de plus près ; mais alors
la couronne de marbre du Parthénon était

entièrement brisée, non pas seulement par la main des barbares, et ses derniers débris étaient à Londres. Il fallait la restituer par l'imagination. Cependant, avec l'entrée au Musée britannique des marbres d'Elgin, une nouvelle Grèce apparaît, l'art du siècle de Périclès se fait connaître, nous voyons surgir devant nous ce grand art monumental où semble avoir triomphé par dessus tous les autres le génie du peuple athénien et dont Phidias reste le souverain maître.

La décoration sculpturale du Parthénon, restituée d'après ses débris et reconstituée dans son ensemble, présentait des dispositions inattendues. Avant la découverte des marbres du Parthénon et des marbres d'Egine, on ne se doutait pas de l'effet que pouvaient produire des figures en ronde-bosse insérées dans le triangle d'un fronton et y formant par leur groupement une composition grandiose, épique. Je ne sais si on se rendit bien compte de la convenance qui avait ainsi fait placer les plus grandes statues dans le lieu le plus haut, où elles s'élevaient comme sur un théâtre et s'imposaient à la vue et à l'imagination, tandis que la frise en bas-relief des Panathénées était beaucoup plus rapprochée du spectateur, et qu'entre les deux les métopes en haut relief de l'entablement formaient comme la transition. L'art moderne a pris quelquefois un parti tout contraire, par exemple, pour citer un exemple près de nous, à l'Arc de Triomphe de l'Etoile, le monument le plus colossal des temps modernes, selon la remarque d'Ampère. Ici nous avons, comme au Parthénon, trois étages de sculptures, mais le système de leur disposition est l'inverse de celui qui a été suivi par les Athéniens. Dans ce monument de notre gloire militaire, où sont représentés des sujets tirés de notre histoire moderne, les groupes colossaux sont placés à la base. Seuls ils frappent les yeux ; les bas-reliefs placés au-dessus d'eux dans des cadres de pierre sont déjà sacrifiés ; il faut les avoir cherchés pour les voir. Enfin la frise qui court sous la corniche, comme une étroite dentelle de pierre, n'a plus qu'une valeur purement décorative, bien qu'elle contienne une série de personnages ; on n'y voit qu'un pêle-mêle d'hommes et de chevaux qui ne dit rien aux yeux ni à l'esprit. De ces deux systèmes, le plus logique est évidemment celui des Grecs ; ils pensaient que les représentations d'art sont faites pour être vues et comprises ; il est permis de croire qu'ils avaient raison.

Une autre remarque m'est suggérée par la décoration extérieure du Parthénon. En comparant cette décoration si riche et si brillante à celle d'autres temples grecs, du temple de Phigalie par exemple, je me rends compte du soin qu'apportaient les Grecs à mettre leurs monuments en harmonie avec le site où ils les élevaient. On a déjà remarqué le rapport qui existait entre le temple d'Athéné et le rocher de l'Acropole ; l'un semblait fait pour l'autre, tant ils mariaient bien leurs lignes et leurs proportions sous ce beau ciel athénien qui les inondait de sa lumière. Quant à la décoration sculpturale, c'était un véritable épanouissement de sculpture et de peinture ; on eût dit la couronne de myrte que le génie athénien posait sur le front de l'archonte. Elle répondait à l'éminence du lieu et à la magnificence du paysage. Il n'en est pas de même à Bassae dans les montagnes de l'Arcadie. Là, dans un site écarté et agreste, la décoration, au lieu de fleurir au dehors, se replie et se cache au dedans. L'extérieur semble être resté nu, tandis qu'à l'intérieur régnait la belle frise qui nous a été conservée et qui représente la lutte contre les Centaures et la guerre des Amazones.

Remarquons que l'architecte du temple de Phigalie est le même que celui du Parthénon. En donnant à son nouvel édifice la forme allongée et concentrée qui le distingue, en abritant la sculpture à l'intérieur comme une fleur se couvre de ses feuilles contre l'âpreté du climat, Ictinus s'inspirait du caractère particulier du site et en traduisait l'impression.

Rappelons, pour en finir avec la partie extérieure du Parthénon, qu'à tout cet ensemble d'architecture et de sculpture la couleur venait s'ajouter. On ne saurait déterminer jusqu'à quel point les Grecs avaient poussé la polychromie dans les édifices. On semble croire aujourd'hui à une polychromie absolue, et, à défaut de données scientifiques suffisantes pour motiver leurs restitutions, nos jeunes architectes se sont livrés parfois sur ce point à des fantaisies que l'effet heureux de leur travail a pu justifier. Il est vrai que la mesure est ici difficile à garder. La coloration d'une partie entraîne celle d'une partie voisine, et, de proche en proche, on arrive à peindre le tout. C'est l'histoire de la robe de chambre de Diderot. On sait que le philosophe, pour avoir accepté le cadeau d'une robe de chambre neuve, fut obligé, afin de rétablir l'harmonie dans son cabinet de travail, de renouveler tout le mobilier. Ce qui est certain, c'est que les Grecs avaient trouvé le secret de tirer de la polychromie, appliquée à l'architecture et à la sculpture, des effets puissants de richesse et d'harmonie. Par ce moyen, les différents membres de l'architecture et jusqu'à ses traits les plus délicats se dessinaient en couleur sur l'ensemble, de sorte que rien n'était perdu, mais tout se colorait, s'animait, chaque note vivait dans le concert. Les figures des frontons se détachaient sur le fond bleu ou rouge des tympans ; non seulement elles étaient peintes,

mais elles portaient des ornements de métal
dont l'éclat se mêlait à celui des draperies co-
lorées. Le bleu, le rouge et l'or étaient les
couleurs employées dans l'ornementation;
quant aux figures, les artistes avaient dû
leur donner toute la variété de tons qu'elles
comportaient. Le métal, je l'ai dit, mêlait
ses reflets brillants aux tons plus calmes de
la peinture. Quand le soleil, qui se levait derrière l'Hymette, venait, de son premier
rayon, frapper la façade orientale, où se trouvait l'entrée du temple, ce devait être un
rayonnement général, un doux étincellement.
L'aurore, en éclairant le fronton où Phidias
avait représenté la naissance d'Athéné, faisait
briller aux mains du Titan Hypérion les
rênes d'or qui retenaient ses coursiers dont
on voyait paraître au-dessus des flots les têtes
fougueuses et dont on croyait entendre les
hennissements dans l'air du matin.

Entrons maintenant dans le temple avec le

rayon qui va nous y révéler d'autres richesses.

Par ce que j'ai dit de la disposition intérieure du temple, on peut juger combien elle
prêtait à une décoration par la tapisserie.
Cette colonnade à double étage qui régnait
dans l'intérieur du temple appelait des draperies aux entre-colonnements ; le vide de
l'hypæthron laissait à découvert la statue d'or
et d'ivoire et les trésors que la piété des
peuples avait accumulés à ses pieds. On sait
que le Parthénon était un véritable musée.
On y voyait des casques, des boucliers, des
lyres de toute espèce, des lits de Chio et de
Milet, une table en ivoire, etc. On y voyait
encore, entre autres souvenirs historiques
plus ou moins précieux, le trône à pieds
d'argent du haut duquel Xerxès avait assisté
à la bataille de Salamine, ce trône qu'on appelait : *le Prisonnier*. Toutes ces richesses
demandaient à être garanties des intempéries

de l'air. Aussi l'auteur des *Antiquités d'Athè-*
nes, Stuart, avait-il déjà proposé d'étendre
sur le Parthénon une espèce de banne pour
fermer l'hypæthron. D'un autre côté, l'idée
de Boeckh qui distingue le Parthénon proprement dit de l'Hécatompédon, donnant ce
dernier nom à tout le temple et réservant le
premier à la partie la plus intérieure, à celle
qui était comprise entre la colonnade et qui
renfermait la statue, cette opinion si vraisem-
blable a pour conséquence la séparation par des
draperies de ces deux parties de l'édifice. On
était ainsi amené par la seule logique à disposer dans l'intérieur du temple d'Athéné tout
un système de tapisseries qui devait en former
la décoration et répondre, par sa richesse et
son éclat, à la décoration extérieure.

La question en était là lorsque j'écrivais en
1861 mon livre sur Phidias. Depuis cette
époque, bien qu'occupé d'autres travaux,
je ne laissais pas de penser de temps en temps

à mes anciennes études et d'y rapporter mes nouvelles lectures. C'est ainsi qu'un passage de l'*Ion* d'Euripide m'a fourni un texte précieux pour reconstituer la décoration intérieure du Parthénon, si toutefois on admet la conjecture que j'ai proposée pour l'application de ce texte.

Voici d'abord ce passage. Il s'agit d'une tente dressée par Ion à Delphes pour la célébration d'un banquet. Je dirai ensuite les raisons qui me font retrouver dans cette tente la *tente* même d'Athéné, c'est-à-dire la décoration du temple de l'Acropole transporté à Delphes d'un coup de la baguette magique d'un grand poète athénien :

« Le jeune homme élève religieusement, au moyen de colonnes, l'enceinte sans murailles d'une tente, prenant bien soin de l'abriter du soleil, tant des ardeurs du midi que des rayons du couchant. Il lui donne une forme rectangulaire et la longueur d'un pléthre, de sorte qu'elle renfermait au milieu dix mille pieds, au dire des savants, comme s'il eût voulu appeler au banquet tout le peuple de Delphes. Ensuite, ayant pris dans les trésors les tissus sacrés, il en fait des draperies admirables à voir. Il commence par attacher au toit tour autour l'aile des péplos, ces présents du fils de Zeus, dépouille des Amazones, offerts à la divinité par Hercule. Tels sujets y sont représentés dans la trame : le Ciel rassemblant les étoiles dans le cercle de l'éther ; le Soleil animant ses coursiers au terme de leur course ardente, traînant à sa suite le flambeau resplendissant d'Hespérus ; la Nuit, au péplos noir, faisant bondir son char dont le joug est dépourvu de traits, déesse qu'accompagnent les étoiles ; la Pléïade au milieu de l'éther ; Orion armé de son épée. Tout en haut, on voyait l'Ourse enroulant sa queue au pôle d'or. En haut aussi rayonnait le disque plein de la Lune qui di-

vise le mois, puis c'étaient les Hyades, signe
certain aux navigateurs ; enfin l'Aurore de sa
clarté chassait les étoiles. Sur les murs, il
jeta des tissus brodés des Barbares, des vaisseaux bien ramés opposés aux vaisseaux grecs,
des hommes à moitié bêtes, des chasses à
cheval à la poursuite des lions et des cerfs.
Vers l'entrée, il mit Cécrops avec ses filles,
se roulant dans ses replis, don de quelqu'un
d'Athènes ([34]). »

Chacun des traits de cette description pourrait fournir à un commentaire. Je me bornerai à quelques remarques. On en trouvera
d'autres dans l'étude que j'ai publiée sur ce
que j'appelle le péplos ou la tente d'Athéné
Parthénos.

D'abord, cette description n'est pas ima-
ginaire. Sans être très précise, et en restant
avant tout poétique, elle est assez caractéristique cependant pour qu'on doive y reconnaître la description de tapisseries existant

réellement et qui même devaient être con-
nues des spectateurs de la tragédie. Il fallait
de plus, pour que cette description ne fût
pas un hors-d'œuvre dans un ouvrage dramatique, qu'elle eût pour ces spectateurs un
intérêt particulier. Ajoutons que les sujets de
ces tapisseries étaient ou des figures d'astres
et de constellations qu'on dit provenir de la
dépouille des Amazones, c'est-à-dire d'une
guerre athénienne, ou des sujets tirés de
l'histoire ou de la légende nationale, telle que
le combat naval contre les Barbares, ou Cécrops avec ses filles. L'intention de plaire aux
Athéniens et de les capter est évidente.

Il ne me paraît pas moins évident qu'il
s'agit de tapisseries décorant un édifice et,
selon toute apparence, un temple. Après
avoir parlé d'une enceinte sans murailles
l'auteur s'oublie et parle un peu plus loin de
tapisseries qui ornaient les murs. Si ce n'est
pas une inadvertance, c'est qu'il s'agit d'une

double enceinte comme était, par exemple, celle de l'Hécatompédon et du Parthénon, la première formée par les murs de la cella, la seconde par les draperies suspendues à la colonnade intérieure. De plus, M. Patin l'avait déjà remarqué dans ses études sur les tragiques grecs ([35]), les mesures qui sont ici données avec affectation sont celles qu'on attribuait au temple de l'Acropole. Ces mots, *au dire des savants,* sont une preuve de plus qu'il est question d'un édifice célèbre. Les tapisseries sont tirées de son trésor, ce qui semble bien indiquer l'opisthodome du Parthénon où de telles tapisseries étaient conservées, à la connaissance de tout le peuple.

Ce ne peut être du temple de Delphes qu'il s'agit. Si Euripide avait voulu en décrire la décoration, il l'aurait placée dans le temple même d'Apollon et non dans une tente élevée à côté, pour une fête. D'ailleurs toute la pièce est consacrée à la gloire de la patrie athénienne. Le poëte y célèbre, dans une brillante poésie, les origines et les antiquités de la ville, la race de ses rois, la puissance de ses dieux, la renommée de son peuple, sa religion, sa liberté. Non seulement les chœurs de la tragédie sont des hymnes à la louange d'Athènes, mais on rencontre encore son éloge en plusieurs endroits du dialogue. La scène se passe à Delphes, et l'intention très apparente du poëte est d'établir la parenté du sanctuaire d'Athènes avec celui de Delphes, afin de tirer, de l'alliance des deux cultes, une gloire de plus pour la patrie athénienne. Il faut qu'aucune gloire, aucune sainteté ne manque à Athènes, et que, du pied du Parnasse où le poëte athénien conduit ses auditeurs attentifs et charmés, il fasse tourner encore leurs regards vers l'Acropole, vers la montagne sainte où sont les reliques les plus sacrées et les plus beaux monuments de la race des Erechtides.

Le dénouement du drame fait reconnaître
Ion comme un fils de Créuse, fille d'Erechtée
et d'Apollon. Xuthus, roi des Athéniens, le
mari de Créuse, n'est pour rien dans la naissance de ce fils, qu'il retrouve dans le temple
de Delphes dont le jeune Ion était le serviteur obscur et inconnu à lui-même. Cependant il s'empresse de l'adopter. En vertu de
l'oracle d'Apollon, l'enfant trouvé devient
l'héritier du trône d'Athènes et la tige des
Ioniens. « On voit, dit Otfried Muller, que
tout ici vise à maintenir entier et intact ce
qui était l'orgueil des Athéniens, la descendance pure de leurs antiques patriarches, ces
rois nationaux nés de la Terre. L'aïeul des
Ioniens qui régnaient dans l'Attique ne pouvait être le fils d'un immigrant étranger, d'un
chef de guerriers achéens, tel qu'on représentait Xuthus; il devait appartenir à la race
pure et attique des Erechtides (³⁶). »

Si donc j'interprète bien la pensée d'Euripide dans celle de ses tragédies dont l'idée était particulièrement religieuse et nationale, il m'est permis de voir, dans cette tente athénienne plantée dans le téménos de Delphes, une visite d'Athéniens au sanctuaire d'Apollon à l'occasion d'une fête religieuse, ou, symboliquement, une visite d'Athéné elle-même à son frère Apollon, célébrée par le poète d'Athènes.

J'ai parlé longuement des tentes dans mon étude sur le péplos où tout un chapitre leur est consacré. Ce souvenir de la vie primitive n'a cessé d'avoir en Grèce, comme en Egypte, en Asie, et plus tard à Rome, une signification religieuse. On célébrait, dans l'ancienne Egypte, certaines fêtes populaires sous des tentes ; on en célébrait encore récemment dans l'Egypte musulmane (par exemple la nuit appelée *Laïlet el Moubareck,* nuit bénie, où l'on prenait le café et fumait des cigarettes sous des tentes magnifiques, au grand plaisir des indigènes et des étrangers).

L'histoirien Callixène nous a laissé une magnifique description d'une tente fameuse élevée par Ptolémée Philadelphe pour la célébration d'une fête de Dionysos. Je n'ai besoin de rappeler qu'en passant le Tabernacle des Hébreux. On en trouvera la description minutieuse dans l'histoire des Juifs de mon ami M. Ledrain. On verra des tentes assyriennes représentées dans l'*Histoire de l'Art* de MM. Perrot et Chipiez. En Grèce, il y avait des tentes dressées pour les spectateurs des jeux olympiques. Dans l'une de ces tentes, qui était un don des Ephésiens, Alcibiade donnait des repas publics dont les Lesbiens faisaient les frais. Il y avait en Grèce des tentes funéraires, par exemple aux funérailles des guerriers morts en combattant.

La tente, comme le parasol, qui en est l'abrégé, était un symbole de souveraineté,

tout au moins d'autorité et de dignité. Plutarque raconte qu'Eumène, après la mort
d'Alexandre, feignit d'avoir vu le roi lui
apparaître dans sa tente avec ses insignes
royaux ; il proposa de faire placer sous cette
tente un trône d'or avec les vêtements du
mort, d'y sacrifier chaque matin au génie
d'Alexandre et d'y tenir conseil de guerre en
sa présence et sous son inspiration ([36]). Les
tentes se liaient, d'ailleurs, dans les anciens
cultes, aux processions et à tout un ordre de
cérémonies et de pompes religieuses ; on
remonte avec elles aux traditions de la civilisation primitive.

Il ne nous reste plus maintenant qu'à relever dans l'Hécatompédon la tente d'Athéné,
c'est-à-dire le Parthénon proprement dit,
l'appartement, la chambre de la Vierge, en
entourant sa statue de ce système de péplos
qui devait former son sanctuaire virginal, et
en suspendant au-dessus de sa tête l'aile des

péplos, πτερυγα πεπλων, selon l'expression d'Euripide.

Relevons d'abord la statue elle-même. J'aurai peu de chose à dire pour la rappeler à votre esprit. Elle est bien connue par ses restitutions, parmi lesquelles est la statue en ivoire et en métal faite pour le duc de Luynes par le sculpteur Simart et qui a figuré à l'exposition de 1855. Cette statue colossale, aussi haute que le sanctuaire qu'elle remplissait de sa majesté, était toute en matières pré cieuses, les parties nues en ivoire, le vêtement et les armes en or et en bronze. Elle avait un casque sur la tête, tenant d'une main sa lance et de l'autre une Victoire ailée. Son bouclier était à ses pieds, sur lesquels tombait à larges plis la tunique talaire. Athéné avait revêtu le péplos, son sein était pressé par l'égide formée d'écailles d'or aux reflets changeants ; on y voyait la grimace monstrueuse de la Gorgone. Contre mon opinion d'autrefois.

je pense qu'elle devait avoir un collier et des
bracelets et que M. de Luynes les lui a resti-
tués avec raison. Je pense aussi que l'ivoire
des parties nues pouvait avoir reçu une légère
teinte de pourpre. Le poète Claudien com-
pare la rougeur de Proserpine à de l'ivoire
teint en pourpre. Il y a d'autres passages
de poètes pour autoriser une pareille conjecture ([38]). On sait que les yeux de la déesse
étaient formés de pierres précieuses ; le scribe
égyptien du Louvre est là pour démontrer
qu'on peut représenter en sculpture le re-
gard humain.

Y a-t-il lieu, pour protéger cette statue si
précieuse et les œuvres d'art rangées autour
d'elle, de disposer au-dessus de sa tête un
système de draperies qui remplace le toit
absent du temple et qui en garantisse les richesses contre la pluie et le soleil ? Je le
crois d'autant plus que ces draperies pouvaient donner lieu à une décoration brillante,

complétant et couronnant celle du sanctuaire. Je crois encore que cette décoration est précisément celle qu'a décrite Euripide et qui représentait la voûte céleste, avec les constellations, les phénomènes du jour et de la nuit, tout le poème divin des heures, les étoiles escortant le char de la Nuit et pâlissant en se retirant devant l'Aurore. Je n'essaierai pas de rétablir ici ce système ; je l'ai essayé ailleurs sans prétendre avoir résolu le problème. C'est aux architectes qu'il appartient de le résoudre, si toutefois ma conjecture sur le parti à tirer du texte d'Euripide est admise par les hommes compétents, comme elle semble l'être déjà par quelques-uns, non des moins autorisés.

Le reste va de soi. On peut admettre pour le Parthénon le principe posé par Semper que toutes les parties des murailles qui ne sont pas peintes devaient être couvertes par des tapisseries, et qu'il devait y avoir des draperies dans les entre-colonnements, aux portes, partout enfin où se trouvait un vide à remplir. C'est sur ces tentures des murailles qu'Euripide place les sujets représentant des combats de vaisseaux athéniens et de vaisseaux ennemis, et ce qu'il appelle *les tissus brodés des Barbares*, c'est-à-dire probablement des tapisseries faites en Asie et qui devaient être des dépouilles de guerre comme il a été dit des tapisseries à sujets célestes, lesquelles étaient censées avoir été enlevées par Hercule aux Amazones, ce qui signifiait sans doute qu'elles étaient anciennes et provenaient de l'Orient. Celles qui représentaient des batailles navales étaient au contraire des tapisseries de fabrique athénienne, de même que la grande portière placée à la porte du temple, où étaient figurés Cécrops et ses filles et qui était le don d'un Athénien à la patronne de sa ville.

Dans une autre tragédie, l'*Hécube*, Euripide

parle du péplos d'Athéné où la déesse était représentée sur son char combattant avec Zeus contre la race impie des Titans. Platon dit également dans l'*Euthyphron* que le péplos représentait les exploits de la déesse. On peut croire que cette légende sacrée de la déesse était figurée sur les tapisseries des entre-colonnements, décorant ainsi l'enceinte réservée, le Parthénon proprement dit.

Ce système de draperies, c'était le nouveau péplos, celui qui ne devait plus revêtir le corps de la statue, mais se suspendre autour d'elle, former le voile de son sanctuaire. D'après l'indication donnée pour le péplos, ces tapisseries devaient avoir un fond couleur de safran sur lequel se détachaient les personnages. Le safran était la couleur favorite des Grecs, on pourrait l'appeler la pourpre grecque. La mythologie donnait cette couleur au vêtement de l'Aurore, à celui des Muses, à celui de Dionysos. C'était la couleur héroïque,

Dans Pindare, Hercule enfant est couché dans des langes de safran. C'est la couleur du manteau de Jason. Quant à la manière dont ces draperies étaient suspendues, on peut se rappeler ce qui est dit dans le livre d'Esther de celles qui étaient jetées entre les colonnes de marbre des portiques où Ahasuerus (Xerxès) donne au peuple de Suse son célèbre festin ; elles étaient suspendues par des anneaux d'ivoire à des cordons de pourpre.

Telle était, telle du moins je me représente la tente d'Athéné, cette tente formée d'un système de péplos tendus ou drapés au-dessus et autour de la statue et au milieu duquel elle apparaissait sous une lumière douce et tempérée, pleine de paix et de recueillement.

C'est là qu'elle habitait encore au quatrième siècle quand Julien, le futur empereur, forcé de s'éloigner d'Athènes par l'ordre de Constance, lui adressait ses adieux en l'invoquant, les bras tendus vers elle. C'est là que doivent la chercher et l'adorer en esprit ceux de nos contemporains ou de nos descendants qui feront, avec M. Renan, leur *prière sur l'Acropole.*

Nous savons maintenant que l'art grec, dont la beauté parfaite nous est attestée par tant de restes précieux, était loin, malgré la rigueur de ses principes éminemment rationnels, d'être sévère et triste. Il était, au contraire, brillant, joyeux, populaire, j'oserais dire récréatif et amusant, si la vie imaginative des détails n'avait été dominée, dans les grands monuments de la Grèce, par le caractère grandiose de l'ensemble, et si l'impression qui en résultait sur l'esprit et le sentiment ne l'avait pas emporté de beaucoup sur la curiosité excitée par tant de variété et de richesse. Pour bien comprendre et sentir l'art grec, il ne faut pas se borner à en admirer les débris venus jusqu'à nous, ces épaves du grand naufrage de la civilisation antique, où la main des grands artistes se laisse quelquefois deviner ; mais il faut reconstruire par l'esprit ces beaux ensembles d'une conception si grande et d'une logique si admirable, dont toutes les parties sont entre elles dans un rapport si parfait de raison et de convenance, et dont pourtant chaque détail a son intérêt particulier, son charme animé, sa note vivante dans l'harmonie générale. Si nous voulons avoir le secret du génie grec. ce n'est pas à la Vénus de Milo qu'il faut le demander, quelque adorable que soit cette divinité sortie de terre un beau jour pour revendiquer les hommages du monde moderne à sa beauté souveraine ; ce n'est pas. dis-je, à une statue isolée qu'il faut demander ce dernier mot du génie hellénique ; c'est aux ruines du Parthénon, c'est à ces merveilleux débris de sculpture monumentale, provenant du temple d'Athéné, qui sont aujourd'hui le plus grand honneur dn Musée britannique.

Mais comment s'y prenaient les Grecs pour construire ces beaux ensembles, ces grands monuments religieux et nationaux où ils ont marqué d'une façon si vivante l'empreinte de leur génie ? Une conception unique avait réglé tous les détails de ces édifices, une seule volonté présidait à l'exécution. C'est ce que nous apprend Plutarque au sujet du Parthénon, et ce sera le sujet des réflexions par lesquelles je terminerai cette conférence.

Je citerai les divers passages où Plutarque parle des ouvrages de Périclès et de la part qu'y avait Phidias, tant pour l'enthousiasme qui y règne que pour les renseignements qu'ils contiennent.

« Le temps, dit-il, ajouté au travail de la production, donne à l'ouvrage une force qui en assure la survivance ; mais ce qui rend plus étonnant les ouvrages de Périclès, c'est

qu'ils aient été exécutés en si peu de temps
et pour une si longue durée ; de telle sorte
que chacun, à peine achevé, par sa beauté
sentait déjà son antique, et que par sa fraî-
cheur il garde aujourd'hui encore l'air récent
et à peine terminé, tant y brille, perpétuée
à travers les âges, je ne sais quelle fleur de
jeunesse et de nouveauté. On dirait qu'il
règne dans tous ces ouvrages un souffle qui
les anime, une âme immortelle qui sans cesse
les rajeunit. L'intendant et le directeur des
travaux de Périclès fut Phidias, bien qu'Athènes possédât, à cette époque, nombre d'architectes et d'artistes habiles. »

Et Plutarque ajoute un peu plus loin :
« C'est Phidias qui fit la statue d'or de la
déesse... tous les autres travaux, avons-nous
dit, étaient sous sa direction et il comman-
dait à tous les autres artistes, comme étant
l'ami de Périclès (39). »

Dans le chapitre précédent, Plutarque avait

énuméré la foule des ouvriers de tout genre qui avaient été appelés à travailler sous Phidias. Les tapissiers (ποιπιλται) n'y manquaient pas, non plus que les peintres, les modeleurs, les fondeurs, les sculpteurs en or et en ivoire, les graveurs sur pierres ou sur métaux. Tout cela fonctionnait sous ses ordres, travaillait d'après ses dessins. Chaque devis de ces grands monuments dont la surveillance lui avait été confiée, et en particulier du Parthénon dont Plutarque le signale à deux reprises comme le grand directeur, avait été arrêté, ou du moins approuvé par lui. En mettant à part le génie du maître et celui du peuple dont il s'inspirait, là est sans contredit le secret de cette grande et harmonieuse unité des édifices de cette époque merveilleuse et peut-être aussi de la vie qui les animait. Cette âme dont parle Plutarque, qui les rajeunissait sans cesse, c'était ici l'âme divine de Phidias.

Il est vrai que les grands artistes grecs,
comme ceux de la Renaissance, étaient
souvent des artistes complets, comme l'étaient
les Léonard de Vinci, les Michel-Ange, les
Alberti ; ils étaient instruits dans toutes les
parties de l'art, s'ils ne les exerçaient pas
toutes. Polyclète, l'émule de Phidias, était
statuaire et toreuticien en même temps qu'architecte ; Scopas, l'artiste à qui l'on doit
peut-être le groupe des Niobides, était sculpteur et architecte. Le premier avait bâti,
comme Pausanias nous l'apprend, le théâtre
d'Épidaure, chef-d'œuvre de proportion et
d'élégance, et l'Hera d'Argos, ce colosse d'or
et d'ivoire, était une œuvre de ses mains.
Le second avait été l'un des sculpteurs du
tombeau de Mausole et l'un des architectes
du temple d'Athéné Alea à Tégée. Phidias,
qui était à la fois peintre (il avait commencé
par la peinture), statuaire, sculpteur, toreuticien, devait être aussi architecte, et un

grand architecte, puisqu'il a pu avoir sous sa direction des architectes tels qu'Ictinus et Callicrate pour le Parthénon, Mnésiclès pour le Propylées, etc. Ces artistes célèbres, qui possédaient à fond les secrets de leur art, et d'autres encore, sans parler des élèves de son école, ont accepté sa loi, reconnu son autorité, travaillé sous ses ordres à ces grands édifices où triomphe le génie de leur peuple. Ils n'ont pas craint de perdre leur gloire dans la sienne, mais ils ont travaillé avec abnégation, chacun à son rang, à l'œuvre nationale.

Qu'il me soit permis d'offrir cet exemple à mes contemporains. Ce qui manque souvent aux grands ouvrages de notre temps, c'est l'unité, c'est l'accord entre les différentes parties, entre la construction et la décoration, tant intérieure qu'extérieure, de l'édifice public.

Cela tient à un manque d'entente entre les divers artistes chargés des travaux divers, à l'absence de subordination qui livre souvent au caprice et à la fantaisie des parties importantes qui devraient être régies par une loi d'ensemble. Peintres, sculpteurs, tapissiers, décorateurs de tout genre, vont chacun de leur côté, suivent leur inspiration particulière. L'architecte les regarde faire. J'ose réclamer pour lui le rôle qui me semble lui appartenir dans les grands travaux de notre temps, celui de maître de l'œuvre. C'est, je crois, le seul moyen de donner à nos monuments ce caractère d'unité sans lequel il n'y a point de véritable œuvre d'art. Que ce rôle de chef d'orchestre, chargé de ramener à l'harmonie les voix discordantes, les inspirations égarées, ait été exercé dans l'antiquité par des sculpteurs, cela tient à des causes particulières, dont j'ai dit un mot en commençant. Les conditions actuelles me semblent l'attribuer à l'architecte. Aux architectes à s'y préparer. Ils ont besoin pour cela de beau-

coup savoir et de travailler beaucoup. Je
crois que le courage ne leur manque pas et
que la force des choses les investira d'une autorité dont ils se seront montrés dignes.
Quant au génie, il souffle où il veut, et il
faudra toujours de grandes circonstances pour
faire se rencontrer, sous des étoiles propices,
le génie d'un Phidias et celui d'un Périclès.

NOTES

[1] *Revue critique d'histoire et de littérature*, du 4 mai 1885.

[2] *La Tapisserie dans l'Antiquité. — Le Péplos d'Athéné, La décoration intérieure du Parthénon restituée d'après un passage d'Euripide*. Librairie de l'Art.

[3] *Mémoires sur des ouvrages de sculpture du Parthénon*, par le chevalier E.-Q. Visconti (Paris, 1818), p. 32.

[4] Voir dans Michaëlis (*Der Parthenon*, Leipzig, 1871, p. 165) le tableau, complet jusqu'à cette époque des différentes explications du fronton oriental.

[5] *Phidias, sa vie et ses ouvrages*, Paris, 1861, p. 240 et suivantes.

[6] Petersen, *Die Kunst des Pheidias am Parthenon und zu Olympia*, Berlin, 1876, p. 131. M. Petersen, dont la publication est postérieure à celle de M. Michaëlis, reconnaît, dans les trois figures dont il s'agit, Hestia, Aphrodite et Peitho. — Dans une récente publication sur l'*Art de Phidias*, M. Charles Waldstein donne à la figure couchée et à celle qui la soutient, en les séparant de la troisième figure, les noms de *Thalassa* et de

Gaia. (*Essays on the art of Pheidias*, Cambridge, 1885, p. 157.)

[7] Pausanias, X, 29, 5.

[8] *Odyss.*, XI, 283.

[9] *Ibid.*, XI, 254 ; Diod. Sic., IV, 68.

[10] Hérodote, V, 65 ; Pausan., II, 18. V. aussi pour l'importance des Néléides dans l'histoire de la Grèce primitive, Grote, *Histoire de la Grèce*, trad. franç., t. I., p. 129 et suivantes.

[11] Thucydide, I, 2.

[12] Fragment, 27, édition Didot, p. 49.

[13] Pausan. X, 6, 4.

[14] Hérodot. VI, 178.

[15] *Quæst. græc.* 12.

[16] Pausan. X, 4, 3.

[17] Par exemple dans l'*Ion* d'Euripide.

[18] *Acropole d'Athènes*, t. II, p. 65, 66.

[19] Voir cette explication dans *Phidias, sa vie et ses ouvrages*, p. 225 et suivantes.

[20] Une analyse du travail de Brunn sur les sculptures du Parthénon a été donnée dans la *Revue Archéologique*, livraison de juin 1875, p. 395 et suivantes.

[21] *De Phidiæ vita et operibus*, 3.

[22] Plin. *Hist. nat.* XXXV, 34.

[23] *La Tapisserie dans l'antiquité.*

[24] J. Burckhardt, *La Civilisation en Italie au temps de la Renaissance*, traduction française, t. I, p. 226.

[25] *De origine erroris*, lib. II.

²⁶ Le livre de Hittorf sur l'*Architecture polychrôme chez les Anciens* a paru en 1831.

²⁷ Voir l'*Esthétique pratique* de Semper (*Der styl in den technischen Kunsten*), t. Ier, consacré à l'art textile, p. 227 et suivantes. La deuxième édition a paru à Munich en 1878.

²⁸ Les travaux de M. Penrose sont de 1845-1847, son livre a pour titre : *An investigation of the principles of athenian architecture* (London, 1851). On lui doit la découverte de l'inclinaison des colonnes du Parthénon ; celle des coubes est due à M. John Pennethone. Voir un article de M. Eugène Burnouf (*Revue des Deux-Mondes*, décembre 1847) et Beulé (*Acropole d'Athènes*, t. II, p. 17 et suivantes).

²⁹ Trônes de Vénus et de Mars dans les *Antiquités d'Herculanum* (Paris, 1805), t. Ier, pl. XXIX.

³⁰ Max Müller, *Nouvelles leçons sur la science du langage,* traduction de MM. Georges Harris et Georges Perrot, t. II, p. 254.

³¹ *Théagènes et Chariclée,* I, 4.

³² Voir pour cette étymologie du mot *carnaval,* J. Burckhardt, *La Civilisation en Italie au temps de la Renaissance,* t. II, p. 173.

³³ Parmi les restitutions graphiques du Parthénon, la plus récente est due à un jeune architecte de beaucoup de talent, M. Loviot, qui avait bien voulu nous le prêter pour cette conférence. M. Loviot a exposé lui même ses motifs dans un article de la *Revue archéologique* (mars 1880).

Dans sa restitution, M. Loviot a usé généreusement de la couleur ; c'est un point sur lequel il n'était pas facile de bien garder la mesure. Ces vives colorations de l'architecture, qui étonnent notre goût moderne, répondaient, d'ailleurs, par leur éclat, au ciel et aux paysages de la Grèce. Je trouve, dans une conférence de M. Bourgault-Ducoudray sur *La musique primitive conservée par les montagnes,* un passage relatif à la couleur des terrains dans l'Attique où le musicien s'est montré peintre et qu'il me semble à propos de citer ici : « Il y a aussi, dans ce beau pays, une singularité qui me frappa : c'est la couleur extraordinaire des terrains, qui revêtent parfois l'apparence et l'éclat des pierres précieuses. Tantôt ils sont d'un rouge vif; tantôt d'un bleu d'outre-mer; tantôt d'un jaune gomme-gute ; *et ces couleurs éclatantes se fondent toujours dans un ensemble harmonieux,* encadré dans une mer admirable et dans un ciel d'un bleu verdâtre. » *(Annuaire du Club alpin-français,* 1885, p. 436.) C'est de la nature de leur pays que les peintres décorateurs de la Grèce antique avaient emprunté le secret de ces couleurs dont la vivacité n'exclut pas l'harmonie. La même lumière qui brillait sur les montagnes et les rivages rayonnai aussi sur les édifices, sur les statues, et l'art apparaissait, selon la belle expression de Gœthe, comme *une seconde nature.*

[34] Euripide, *Ion,* 1132-1165.

[35] *Études sur les tragiques grecs; Euripide,* t. II. p. 64.

[36] *Histoire de la littérature grecque,* traduite de l'allemand, t. II, p. 325.

[37] Plutarque, Eumène, XIII; Diodore de Sicile, XVIII, lx.

[38] *Indum sanguineo veluti violaverit ostro*
   Si quis ebur...
(Virg. Æneid, XII, 67.)

Non sic decus ardet eburnum
Lydia sidonio quod femina tinxerit ostro.
> (Claud. *Rapt. Pros.*, I, 272.)

Comp. Hom. *Iliad.* IV, 141-199 ; Lucian, *Ima. q*, 8

[30] Plutarch. *Pericl.*, 12, 13.